体育・スポーツ系のための入門中国語

川邉雄大

朝日出版社

音声ストリーミング URL
http://text.asahipress.com/free/ch/taiiku01/

※ストリーミングには，巻末の参考，附録の音声も収録されています。

まえがき

　本書は、筆者の長年にわたる国士舘大学体育学部での中国語の授業をもとに、体育・スポーツ系の学生のために作成した教科書、『体育系学生のための初級中国語』の改訂版です。

　本書は体育・スポーツ系の皆さんが中国語圏での試合・合宿などで遭遇すると思われる状況を想定してつくられた「実戦的」教科書です。

　そのため、基礎を重視しつつ、体育・スポーツ系に特化した会話・文法・練習問題・ドリルのほか、附録を付けており、1年間（30コマ）・週1コマ程度の授業で終えることができる分量となっています。

　語学の学習というと、椅子に座って机に向かい頭を使うことをイメージしがちです。しかし、語学は体育・スポーツ同様、実技ともいえます。普段皆さんが行っている、走る・飛ぶ・重いものを持ち上げるといった動作にかわって、語学では「耳」・「口」・「目」・「手」を動かして、「聞く」「話す」「読む」「書く」という動作を繰り返して、文字通り体で覚えて自分のものとしてほしいと思います。

　中国語は、多くの人にとって、これまで学んだことのない言葉です。最初から上手く出来なくても心配する必要はありません。最初から苦手意識を持たずにリラックスしつつ時には集中して、メリハリをつけて勉強して下さい。

　本書執筆にあたっては、柴森先生（早稲田大学商学部講師）にネイティブチェックをお願いしました。そのため、きわめて自然な実践書になったと思います。同先生には改めて御礼申し上げます。

　そして、構想段階から田久浩志先生（国士舘大学体育学部スポーツ医科学科教授）・江藤茂博先生（二松学舎大学文学部教授）・菊地隆雄先生（元鶴見大学客員教授）・岡野康幸先生（群馬医療福祉大学講師）には、体育・スポーツや救急医療のみならず、様々な点について助言をいただきました。日頃の御指導に対して衷心より御礼申し上げます。

　さいごに、朝日出版社編集長の中西陸夫氏には、出版を快諾していただくとともに、初版および改訂版刊行にご尽力いただきました。厚く御礼申し上げます。

　　　　　　　平成30年9月27日　ふじみ野駅前「カフェゆい」にて　川邉雄大

目 次

中国語とは ……………………………………………………………………… 2

発音 ……………………………………………………………………………… 2

第 0 課　你好! ………………………………………………………………… 8

第 1 課　你是日本人吗? ……………………………………………………… 10

第 2 課　这是什么? …………………………………………………………… 14

第 3 課　今天几月几号? ……………………………………………………… 18

第 4 課　你今年多大? ………………………………………………………… 22

第 5 課　现在几点? …………………………………………………………… 26

第 6 課　你家有几口人? ……………………………………………………… 30

第 7 課　体育馆在哪儿? ……………………………………………………… 34

第 8 課　山田太郎在家吗? …………………………………………………… 38

第 9 課　你喜欢什么? ………………………………………………………… 42

第 10 課　你身体真棒! ………………………………………………………… 46

第 11 課　您要什么? …………………………………………………………… 50

第 12 課　你打羽毛球打得很好! ……………………………………………… 54

ドリル 1〜12 …………………………………………………………………… 58

参考①〜⑤ ……………………………………………………………………… 70

附録 1, 2 ………………………………………………………………………… 75

体育・スポーツ系のための
入門中国語

中国語とは

　中国語は主に、人口約 13.7 億人、56 の民族を有し、国土面積は約 960 万平方キロメートル、およそ日本の約 26 倍という大きな国、中国で話されている言葉です。

　日本で「中国語」と呼ばれる言語は、中国では"**汉语**"Hànyǔ（漢語）・"**中文**"Zhōngwén などと呼ばれています。漢語とは、中国の人口の 92％を占める漢族の言葉という意味です。

　これから皆さんが学ぶ中国語（漢語）は、北京語を基礎に作られた共通語（標準語）である"**普通话**"Pǔtōnghuà（普通話）です。一般的に、北京語・マンダリンなどとも呼ばれています。

　中国語の特徴は声調、つまり声のトーンがあり、普通話では 4 種類（四声）の声調があります。このため、同じ発音でも声のトーンによって意味が変わってしまいます。

　漢字は簡略化された"**简体字**"jiǎntǐzì（簡体字）を用いますが、これは日本の漢字（常用漢字）や、台湾・香港の漢字（繁体字）とは異なる字体です。また、日本と同じ漢字でも意味が異なることがあるので注意が必要です。

　発音表記はローマ字を用いますが、これを通常"**拼音**"Pīnyīn（ピンイン）と呼んでいます。しかし、一般的なローマ字表記や発音とは大きく異なるものがあるので、授業や CD で発音をしっかりと聞いて、話してみて下さい。

　なお、普通話は台湾・香港では"**国语**"Guóyǔ（国語）、シンガポールやマレーシアなどの華人（華僑）の間では"**华语**"Huáyǔ（華語）などと呼ばれ広く使われています。

発　音

声調（四声）

CD1

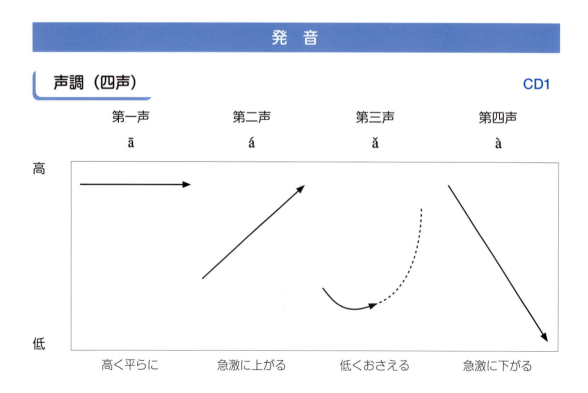

母音　　　　　　　　　　　　　　　　　　　　　　　　　　CD2

①単母音

a　　o　　e　　i　　u　　ü　　er
　　　　　　　(yi)　(wu)　(yu)

※（　）内は、前に子音がないときの標記です。

②複合母音　　　　　　　　　　　　　　　　　　　　　　　CD3

ai　　ei　　ao　　ou

ia　　ie　　ua　　uo　　üe
(ya)　(ye)　(wa)　(wo)　(yue)

uai　　uei[-ui]　　iao　　iou[-iu]
(wai)　(wei)　　(yao)　(you)

※（　）内は、前に子音がないときの標記です。
※［　］内は、前に子音があるときの標記で、o, e の標記が省略されます。

子音　　　　　　　　　　　　　　　　　　　　　　　　　　CD4

無気音　　有気音

b(o)	p(o)	m(o)	f(o)
d(e)	t(e)	n(e)	l(e)
g(e)	k(e)	h(e)	
j(i)	q(i)	x(i)	
zh(i)	ch(i)	sh(i)	r(i)
z(i)	c(i)	s(i)	

鼻母音　　　　　　　　　　　　　　　　　　　　　　　　　　CD5

an	en	ian	in	uan	uen[-un]	üan[-uan]	ün[-un]
		(yan)	(yin)	(wan)	(wen)	(yuan)	(yun)

ang	eng	iang	ing	uang	ueng	ong	iong
		(yang)		(wang)	(weng)		(yong)

※（　）内は、前に子音がないときの標記です。

※［　］内は、前に子音があるときの標記で、o, e の標記を省略します。

注意点

声調符号

母音（a, o, e, i, u, ü, er）の上につけます。

①母音が複数ある場合：a-o-e-i/u の順につけます。

② -iu, -ui は後ろの音につけます。

③ i につける場合：ī, í, ǐ, ì。

儿化音　　　　　　　　　　　　　　　　　　　　　　　　　　CD6

歌儿 gēr　　　　花儿 huār
小孩儿 xiǎoháir　　一会儿 yíhuèr
玩儿 wánr　　　　一点儿 yìdiǎnr
空儿 kòngr　　　电影儿 diànyǐngr

※ r の直前の i, n の音は発音しません。
　r の前の ng は、前の母音が鼻音化します。

軽声　　　　　　　　　　　　　　　　　　　　　　　　　　　CD7

妈妈　　爷爷　　奶奶　　弟弟
māma　　yéye　　nǎinai　　dìdi

哥哥　　孩子　　姐姐　　妹妹
gēge　　háizi　　jiějie　　mèimei

声調変化 CD8

①第三声＋第三声→第二声＋第三声　※3323（さんさんにいさん）の原則

你好　水果　老酒　手表　一九九九年
nǐhǎo　shuǐguǒ　lǎojiǔ　shǒubiǎo　yījiǔjiǔjiǔnián

※発音は変わりますが、表記はそのままです。

②半三声 CD9

三声＋第一声→半三声＋第一声
三声＋第二声→半三声＋第二声
三声＋軽声　→半三声＋軽声

北京　旅行　礼物　耳朵
Běijīng　lǚxíng　lǐwù　ěrduo

烤鸭　草莓　炒饭　饺子
kǎoyā　cǎoméi　chǎofàn　jiǎozi

③不 CD10

不 bù ＋第四声→不 bú ＋第四声

不是　不对　不会　不去　不看
búshì　búduì　búhuì　búqù　búkàn

④一 CD11

一 yī ＋第一声→一 yì ＋第一声　　一杯 yìbēi　一千 yìqiān
一 yī ＋第二声→一 yì ＋第二声　　一瓶 yìpíng　一时 yìshí
一 yī ＋第三声→一 yì ＋第三声　　一碗 yìwǎn　一百 yìbǎi

一 yī ＋第四声→一 yí ＋第四声

一块　一件　一万
yí kuài　yí jiàn　yí wàn

※序数・日付は一 yī のまま。第一名 dìyīmíng, 第一课 dìyīkè, 一月 yīyuè

発音練習

① 人名（中国） CD12

孔子	孟子	刘备	曹操	诸葛亮	李白	杜甫	鲁迅	莫言
Kǒngzǐ	Mèngzǐ	Liú Bèi	Cáo Cāo	Zhūgě Liàng	Lǐ Bái	Dù Fǔ	Lǔ Xùn	Mò Yán

孙文	蒋介石	毛泽东	周恩来	邓小平	习近平
Sūn Wén	Jiǎng Jièshí	Máo Zédōng	Zhōu Ēnlái	Dèng Xiǎopíng	Xí Jìnpíng

李小龙	成龙	姚明	刘翔	李小鹏
Lǐ Xiǎolóng	Chéng Lóng	Yáo Míng	Liú Xiáng	Lǐ Xiǎopéng

② 人名（日本） CD13

山本	藤井	田中	村上	高桥
Shānběn	Téngjǐng	Tiánzhōng	Cūnshàng	Gāoqiáo

佐藤	佐佐木	中村	冈田	井上
Zuǒténg	Zuǒzuǒmù	Zhōngcūn	Gāngtián	Jǐngshàng

小林	山田	冈本	藤原	池田
Xiǎolín	Shāntián	Gāngběn	Téngyuán	Chítián

木村	小川	伊藤	铃木	渡边
Mùcūn	Xiǎochuān	Yīténg	Língmù	Dùbiān

③ 地名（中国） CD14

北京	上海	天津	西安	重庆	香港
Běijīng	Shànghǎi	Tiānjīn	Xī'ān	Chóngqìng	Xiānggǎng

澳门	大连	广州	深圳	南京	杭州
Àomén	Dàlián	Guǎngzhōu	Shēnzhèn	Nánjīng	Hángzhōu

④ 地名（日本） CD15

新宿	银座	涩谷	秋叶原	上野	浅草
Xīnsù	Yínzuò	Sègǔ	Qiūyèyuán	Shàngyě	Qiǎncǎo

横滨	箱根	神户	名古屋	仙台	札幌
Héngbīn	Xiānggēn	Shénhù	Mínggǔwū	Xiāntái	Zháhuǎng

※参考→ P76 附録1：都道府県一覧

⑤数字（0～10） CD16

零	一	二	三	四	五	六	七	八	九	十	几
líng	yī	èr	sān	sì	wǔ	liù	qī	bā	jiǔ	shí	jǐ

チャレンジ

自分の学籍番号・名前の簡体字・ピンインを調べて言ってみよう。

学籍番号 _____

姓名（簡体字） _____

姓名（ピンイン） _____

※参考

出身地 _____

大学名 _____

学部・学科名 _____

第 0 课
Dì líng kè

你好！

杨： 你 好！
Nǐ hǎo!

山田： 您 好！
Nín hǎo!

杨： 你 叫 什么 名字？
Nǐ jiào shénme míngzi?

山田： 我 叫 山田 太郎。 您 贵 姓？
Wǒ jiào Shāntián Tàiláng. Nín guì xìng?

杨： 我 姓 杨， 叫 杨 佳伟。
Wǒ xìng Yáng, jiào Yáng Jiāwěi.

山田： 初次 见面， 请 多多 关照。
Chūcì jiànmiàn, qǐng duōduō guānzhào.

● 新出単語 ●

你（您）nǐ(nín) あなた／什么 shénme 何・どんな／名字 míngzi 名前／叫 jiào いう／貴 guì〔敬語・接頭語〕／姓 xìng 苗字

● 関連用語 ●

大家 dàjiā みなさん／老师 lǎoshī 先生／早上 zǎoshang 朝／明天 míngtiān 明日／下星期 xiàxīngqī 来週

文法

① 名前（フルネーム）のたずね方（親しい友人に対して）　　　**CD20**

你　叫　什么　名字？　我　叫　太郎。／我　叫　山田　太郎。
Nǐ　jiào　shénme　míngzi?　Wǒ　jiào　Tàiláng.　Wǒ　jiào　Shāntián　Tàiláng.

② 名前（苗字）のたずね方（目上の人に対して）

您　贵　姓？　我　姓　杨。／我　姓　杨，叫　杨　佳伟。
Nín　guì　xìng?　Wǒ　xìng　Yáng.　Wǒ　xìng　Yáng, jiào　Yáng　Jiāwěi.

単語帳（あいさつ）

CD21

你 好。	您 好。	大家 好。	老师 好。
Nǐ hǎo.	Nín hǎo.	Dàjiā hǎo.	Lǎoshī hǎo.
早上 好。	谢谢。	不 客气。	对不起。
Zǎoshang hǎo.	Xièxie.	Bú kèqi.	Duìbuqǐ.
没 关系。	再见。	明天 见。	下星期 见。
Méi guānxi.	Zàijiàn.	Míngtiān jiàn.	Xiàxīngqī jiàn.

 チャレンジ　　　**CD22**

下線部を自分に置きかえて言ってみましょう。

你　叫　什么　名字？
Nǐ　jiào　shénme　míngzi?

我　姓　<u>山田</u>，叫　<u>山田　太郎</u>。
Wǒ　xìng　Shāntián, jiào　Shāntián　Tàiláng.

第 0 课

第 1 课 你是日本人吗?
Dì yī kè

杨: 你 是 日本人 吗?   CD23
    Nǐ shì Rìběnrén ma?

山田: 是, 我 是 日本人。你 是 哪国人?
     Shì, wǒ shì Rìběnrén. Nǐ shì nǎguórén?

杨: 我 是 中国人。
    Wǒ shì Zhōngguórén.

山田: 他 也 是 中国人 吗?
     Tā yě shì Zhōngguórén ma?

杨: 不是, 他 是 韩国人。
    Búshì, tā shì Hánguórén.

● 新出単語 ●   CD24

你 nǐ あなた／是 shì 〜です／日本人 Rìběnrén 日本人／〜吗 ma 〜ですか／我 wǒ 私／哪 nǎ どれ、どの／中国人 Zhōngguórén 中国人／也 yě 〜も／不 bù 〜ではない／韩国人 Hánguórén 韓国人

● 関連用語 ●   CD25

学生 xuésheng 学生／老师 lǎoshī 先生／留学生 liúxuéshēng 留学生／菜 cài 料理

文 法

① 人称代名詞　　CD26

	1人称	2人称	3人称
単数	我 wǒ	你（您） nǐ（nín）	他／她 tā／tā
複数	我们 wǒmen	你们 nǐmen	他们／她们 tāmen／tāmen

② 動詞"是"「～です」　　主語＋"是"（動詞）＋目的語（否定形は"不是"）

肯定文：　我　是　日本人。　　　我们　是　学生。
　　　　　Wǒ　shì　Rìběnrén.　　 Wǒmen　shì　xuésheng.

否定文：　我　不　是　日本人。　我们　不　是　学生。
　　　　　Wǒ　bú　shì　Rìběnrén.　Wǒmen　bú　shì　xuésheng.

※ "是"・"不是"は、肯定（はい）および否定形（いいえ）として単体で用いることができます。

　　　　　你　是　日本人　吗?　　是。／不是。
　　　　　Nǐ　shì　Rìběnrén　ma?　Shì.　 Búshì.

③ "吗?"　　主語＋"是"（動詞）＋目的語＋"吗?"

※平叙文の後ろに"吗?"をつけると、「～ですか」という疑問文になります。

他　是　日本人　吗?　　是，他　是　日本人。
Tā　shì　Rìběnrén　ma?　Shì, tā　shì　Rìběnrén.

她　是　学生　吗?　　　不是，她　是　老师。
Tā　shì　xuésheng　ma?　Búshì, tā　shì　lǎoshī.

④ 副詞"也"「～も」　　主語＋"也"（副詞）＋動詞＋目的語

你们　也　是　日本人　吗?
Nǐmen　yě　shì　Rìběnrén　ma?

我们　也　是　日本人。
Wǒmen　yě　shì　Rìběnrén.

我们　也　不是　日本人。
Wǒmen　yě　búshì　Rìběnrén.

第 1 课

練習問題

1 以下の文章にピンインをつけるとともに、日本語に訳しなさい。

（1） 他是哪国人？他是美国人。

（ピンイン）

（日本語訳）

（2） 你是学生吗？是，我是学生。

（ピンイン）

（日本語訳）

（3） 她是中国人吗？是，她是中国人。

（ピンイン）

（日本語訳）

2 以下の文章を中国語（ピンイン・簡体字）に訳しなさい。

（1） あなたはどこの国の人（何人）ですか。私は日本人です。

（ピンイン）

（簡体字）

（2） あなたは中国人ですか。いいえ、私は日本人です。

（ピンイン）

（簡体字）

（3） あなたは先生ですか。いいえ、私は先生ではありません。

（ピンイン）

（簡体字）

単語帳（国名）

CD27

日本 Rìběn	中国 Zhōngguó	韩国 Hánguó	美国 Měiguó
英国 Yīngguó	法国 Fǎguó	德国 Déguó	意大利 Yìdàlì
加拿大 Jiānádà	俄罗斯 Éluósī	澳大利亚 Àodàlìyà	印度 Yìndù

※国名のあとに人（rén）をつけると、日本人（Rìběnrén）のように、その国の人を指します。また、菜（cài）をつけると、中国菜（Zhōngguócài）のように、その国の料理を指します。

チャレンジ

CD28

下線部を自分に置きかえて言ってみましょう。

你 是 学生 吗?
Nǐ shì xuésheng ma?

我 是 学生。／我 是 <u>大江户</u> 大学 <u>一</u> 年级 的 学生。
Wǒ shì xuésheng. Wǒ shì Dàjiānghù Dàxué yī niánjí de xuésheng.

第 2 课 这是什么?
Dì èr kè

杨：这 是 什么？
　　Zhè shì shénme?

山田：这 是 蛋白粉。
　　　Zhè shì dànbáifěn.

杨：那 是 什么？
　　Nà shì shénme?

山田：那 是 感冒药。
　　　Nà shì gǎnmàoyào.

杨：那 是 谁 的 感冒药？
　　Nà shì shéi de gǎnmàoyào?

山田：那 是 我 的 感冒药。
　　　Nà shì wǒ de gǎnmàoyào.

CD29

● 新出単語 ●　　CD30

这 zhè これ／什么 shénme 何／那 nà それ・あれ／蛋白粉 dànbáifěn（蛋白质 dànbáizhì・蛋白饮料 dànbáiyǐnliào）プロテインパウダー・(タンパク質・プロテインドリンク)／感冒药 gǎnmàoyào 風邪薬／谁 shéi 誰／的 de の

● 関連用語 ●　　CD31

保健品 bǎojiànpǐn サプリメント／维生素剂 wéishēngsùjì ビタミン剤／健康饮料 jiànkāngyǐnliào ドリンク剤／公司 gōngsī 会社／体育 tǐyù 体育／男朋友 nánpéngyou ボーイフレンド（彼氏）／女朋友 nǚpéngyou ガールフレンド（彼女）

14

文法

①指示代名詞（こそあど）　　　　　　　　　　　　　　CD32

近称	遠称	疑問
这 zhè	那 nà	哪 nǎ
这个 zhège (zhèige)	那个 nàge (nèige)	哪个 nǎge (něige)

※ "这" "那" だけでは目的語として使うことはできません。

②疑問詞疑問文　　"什么"・"谁"・"哪里"

什么
这 是 什么?　　　　这 是 药。
Zhè shì shénme?　　Zhè shì yào.

这 是 什么 药?　　这 是 感冒 药。
Zhè shì shénme yào?　Zhè shì gǎnmào yào.

谁
这 是 谁 的 药?　　这 是 我 的 药。
Zhè shì shéi de yào?　Zhè shì wǒ de yào.

你 是 谁?　　　　　我 是 山田 太郎。
Nǐ shì shéi?　　　　Wǒ shì Shāntián Tàiláng.

哪里
你 是 哪里人?　　　我 是 东京人。
Nǐ shì nǎlirén?　　　Wǒ shì Dōngjīngrén.

※第1課参照　你 是 哪国人?　我 是 日本人。
　　　　　　Nǐ shì nǎguórén?　Wǒ shì Rìběnrén.

※疑問を含む言葉（什么・谁・哪里など）が含まれている場合は"吗"をつけません。

③助詞 "的" 「～の」

名詞（修飾語）＋的＋名詞

我 的 感冒药　　你 的 维生素剂　　他 的 健康饮料
wǒ de gǎnmàoyào　nǐ de wéishēngsùjì　tā de jiànkāngyǐnliào

※ "的" が省略できる場合

人称代名詞（＋"的"）＋親族・所属など

我(的)妈妈　　你(的)朋友　　我们(的)大学　　她们(的)公司
wǒ(de)māma　nǐ(de)péngyou　wǒmen(de)dàxué　tāmen(de)gōngsī

第2課

15

練習問題

1 以下の文章にピンインをつけるとともに、日本語に訳しなさい。

(1) 这是什么？这是感冒药。

(ピンイン)

(日本語訳)

(2) 这是谁的感冒药？这是他的感冒药。

(ピンイン)

(日本語訳)

(3) 那是你的感冒药吗？那不是我的感冒药。

(ピンイン)

(日本語訳)

2 以下の文章を中国語（ピンイン・簡体字）に訳しなさい。

(1) これは何ですか。これは本です。

(ピンイン)

(簡体字)

(2) これは誰の本ですか。これは私の本です。

(ピンイン)

(簡体字)

(3) これは何の本ですか。これは中国語の本です。

(ピンイン)

(簡体字)

単語帳（身の回りのもの）

CD33

书 shū	课本 kèběn	本子（笔记本） běnzi　(bǐjìběn)	铅笔 qiānbǐ
圆珠笔 yuánzhūbǐ	书包 shūbāo	背包 bēibāo	橡皮 xiàngpí
钱包 qiánbāo	手机 shǒujī	手表 shǒubiǎo	钥匙 yàoshi
钱 qián	学生证 xuéshēngzhèng	衣服 yīfu	票 piào

第2课

CD34

チャレンジ

下線部を自分の身の回りのものに置きかえて言ってみましょう。

这 是 什么？ 这 是 蛋白粉。
Zhè shì shénme? Zhè shì dànbáifěn.

这 是 我 的 蛋白粉。
Zhè shì wǒ de dànbáifěn.

第 3 课 今天几月几号?
Dì sān kè Jīntiān jǐ yuè jǐ hào?

杨:今天 几 月 几 号?
　　Jīntiān jǐ yuè jǐ hào?

山田:今天 五 月 二十六 号。
　　　Jīntiān wǔ yuè èrshiliù hào.

杨:今天 星期 几?
　　Jīntiān xīngqī jǐ?

山田:今天 星期 二。
　　　Jīntiān xīngqī èr.

杨:现在 你 去 哪儿?
　　Xiànzài nǐ qù nǎr?

山田:现在 我 去 操场。
　　　Xiànzài wǒ qù cāochǎng.

CD35

● 新出単語 ●　　CD36

今天 jīntiān 今日／几 jǐ いくつ／月 yuè 月／号 hào 日／星期 xīngqī 曜日／去 qù 行く／哪儿 nǎr（哪里 nǎli）どこ／操场 cāochǎng 運動場・グランド

● 関連用語 ●　　CD37

体育馆 tǐyùguǎn 体育館／食堂 shítáng 食堂／回 huí 帰る

文 法

①日付・曜日

CD38

年	月	号	星期
nián	yuè	hào	xīngqī

一九六四 年　十 月　十 号　　二〇二〇 年　七 月　二十四 号
yījiǔliùsì　nián　shí yuè　shí hào　èrlíngèrlíng nián　qī yuè　èrshisì hào.

五月

星期天 xīngqītiān	星期一 xīngqīyī	星期二 xīngqīèr	星期三 xīngqīsān	星期四 xīngqīsì	星期五 xīngqīwǔ	星期六 xīngqīliù
				一号 yīhào	二号 èrhào	三号 sānhào
四号 sìhào	五号 wǔhào	六号 liùhào	七号 qīhào	八号 bāhào	九号 jiǔhào	十号 shíhào
十一号 shíyīhào	十二号 shíèrhào	十三号 shísānhào	十四号 shísìhào	十五号 shíwǔhào	十六号 shíliùhào	十七号 shíqīhào
十八号 shíbāhào	十九号 shíjiǔhào	二十号 èrshíhào	二十一号 èrshiyīhào	二十二号 èrshièrhào	二十三号 èrshisānhào	二十四号 èrshisìhào
二十五号 èrshiwǔhào	二十六号 èrshiliùhào	二十七号 èrshiqīhào	二十八号 èrshibāhào	二十九号 èrshijiǔhào	三十号 sānshíhào	三十一号 sānshiyīhào

前天 qiántiān	昨天 zuótiān	今天 jīntiān	明天 míngtiān	后天 hòutiān

②動詞文　主語＋動詞（＋目的語）

肯定文：我　去　体育馆。
　　　　Wǒ　qù　tǐyùguǎn.

否定文：我　不　去　体育馆。
　　　　Wǒ　bú　qù　tǐyùguǎn.

疑問文：你　去　哪里？　　你　去　体育馆　吗？
　　　　Nǐ　qù　nǎli?　　Nǐ　qù　tǐyùguǎn　ma?

今天（是）几 月 几 号？　　今天（是）八月 八号。
Jīntiān（shì）jǐ yuè jǐ hào?　　Jīntiān（shì）bāyuè bāhào.

今天（是）星期 几？　　今天（是）星期天。
Jīntiān（shì）xīngqī jǐ?　　Jīntiān（shì）xīngqītiān.

※時（年月日・曜日など）いう時は、"是"が省略できます。ただし、否定形は"不是"が必要です。

19

練習問題

1 以下の文章にピンインをつけるとともに、日本語に訳しなさい。

（1） 明天几月几号？明天七月二十四号。

　　（ピンイン）＿＿＿＿＿＿＿＿＿＿＿＿＿＿＿＿

　　（日本語訳）＿＿＿＿＿＿＿＿＿＿＿＿＿＿＿＿

（2） 昨天星期几？昨天星期天。

　　（ピンイン）＿＿＿＿＿＿＿＿＿＿＿＿＿＿＿＿

　　（日本語訳）＿＿＿＿＿＿＿＿＿＿＿＿＿＿＿＿

（3） 今天你去大学吗？今天我去大学。

　　（ピンイン）＿＿＿＿＿＿＿＿＿＿＿＿＿＿＿＿

　　（日本語訳）＿＿＿＿＿＿＿＿＿＿＿＿＿＿＿＿

2 以下の文章を中国語（ピンイン・簡体字）に訳しなさい。

（1） あなたは教室に行きますか。私は教室に行きません。

　　（ピンイン）＿＿＿＿＿＿＿＿＿＿＿＿＿＿＿＿

　　（簡体字）＿＿＿＿＿＿＿＿＿＿＿＿＿＿＿＿

（2） あなたはどこに行きますか。私は医務室に行きます。

　　（ピンイン）＿＿＿＿＿＿＿＿＿＿＿＿＿＿＿＿

　　（簡体字）＿＿＿＿＿＿＿＿＿＿＿＿＿＿＿＿

（3） 彼女はどこに行きますか。彼女はプールに行きます。

　　（ピンイン）＿＿＿＿＿＿＿＿＿＿＿＿＿＿＿＿

　　（簡体字）＿＿＿＿＿＿＿＿＿＿＿＿＿＿＿＿

単語帳（学内）

CD39

学校 xuéxiào	操场 cāochǎng	教室 jiàoshì	食堂 shítáng
宿舍 sùshè	商店 shāngdiàn	前门 qiánmén	后门 hòumén
游泳池 yóuyǒngchí	办公室 bàngōngshì	医务室 yīwùshì	图书馆 túshūguǎn
洗手间 xǐshǒujiān	浴室 yùshì	房间 fángjiān	存物柜 cúnwùguì

第3课

CD40

 チャレンジ

下線部を今日の年月日・曜日に置きかえて言ってみましょう。

今天 几 月 几 号 星期 几？
Jīntiān jǐ yuè jǐ hào xīngqī jǐ?

今天 <u>二〇一五</u> 年 <u>五</u> 月 <u>二十六</u> 号 星期 <u>二</u>。
Jīntiān èrlíngyīwǔ nián wǔ yuè èrshiliù hào xīngqī èr.

第 4 课 你今年多大？
Dì sì kè

杨：你 今年 多大？
　　Nǐ jīnnián duōdà?

山田：我 今年 十九岁。
　　　Wǒ jīnnián shíjiǔsuì.

杨：你 属 什么？
　　Nǐ shǔ shénme?

山田：我 属 羊。
　　　Wǒ shǔ yáng.

杨：你 的 生日 是 几 月 几 号？
　　Nǐ de shēngrì shì jǐ yuè jǐ hào?

山田：我 的 生日 是 十一 月 四 号。
　　　Wǒ de shēngrì shì shíyī yuè sì hào.

CD41

● 新出単語 ●　　　　　CD42

你 nǐ あなた／今年 jīnnián 今年／多大 duōdà 何歳／岁 suì ～歳／属 shǔ ～に属する／羊 yáng 羊／属羊 shǔyáng 未年です／生日 shēngrì 誕生日

● 関連用語 ●　　　　　CD43

年纪 niánjì・岁数 suìshu 年齢

文法

① 年齢のたずね方　　　　　　　　　　　　　　　　　　　　CD44

(1) 子供に対して

你 几 岁？　你 今年 几 岁？
Nǐ jǐ suì? Nǐ jīnnián jǐ suì?

(2) 同世代か年下に対して

你 多大？　你 今年 多大？
Nǐ duōdà? Nǐ jīnnián duōdà?

(3) 目上の人に対して

您 多大 年纪？　您 今年 多大 年纪？
Nín duōdà niánjì? Nín jīnnián duōdà niánjì?

多大 岁数？　今年 多大 岁数？
Duōdà suìshu? Jīnnián duōdà suìshu?

※年齢を聞くときは通常"是"を用いません。

② 年の言い方

| 前年 | 去年 | 今年 | 明年 | 后年 |
| qiánnián | qùnián | jīnnián | míngnián | hòunián |

③ 数の言い方（11～100）

十一　十二　十三　十四　十五　十六
shíyī　shí'èr　shísān　shísì　shíwǔ　shíliù

十七　十八　十九　二十　二十一
shíqī　shíbā　shíjiǔ　èrshí　èrshiyī

三十　九十九　一百
sānshí　jiǔshijiǔ　yìbǎi

♣関連表現

生日 快乐！／祝 你 生日 快乐！／新年 快乐！
Shēngrì kuàilè! Zhù nǐ shēngrì kuàilè! Xīnnián kuàilè!

第 4 课

練習問題

1 以下の文章にピンインをつけるとともに、日本語に訳しなさい。

（1）您多大岁数？我八十五岁。

（ピンイン）

（日本語訳）

（2）他明年多大？他明年二十四岁。

（ピンイン）

（日本語訳）

（3）你属什么？我属龙。

（ピンイン）

（日本語訳）

2 以下の文章を中国語（ピンイン・簡体字）に訳しなさい。

（1）あなたは今年何歳ですか。私は今年21歳です。

（ピンイン）

（簡体字）

（2）あなたは何年（なにどし）ですか。私は未（ひつじ）年です。

（ピンイン）

（簡体字）

（3）彼女の誕生日は何月何日ですか。彼女の誕生日は1月9日です。

（ピンイン）

（簡体字）

単語帳（動物）

CD45

鼠(老鼠)	牛	虎(老虎)	兔(兔子)
shǔ (lǎoshu)	niú	hǔ (lǎohu)	tù (tùzi)
龙	蛇	马	羊
lóng	shé	mǎ	yáng
猴(猴子)	鸡	狗	猪
hóu (hóuzi)	jī	gǒu	zhū
猫	鸟	熊猫	狮子
māo	niǎo	xióngmāo	shīzi

※中国語で"猪"（zhū）は、豚を指します。

第4课

チャレンジ

CD46

下線部を自分に置きかえて言ってみましょう。

你 的 生日 是 几 月 几 号?
Nǐ de shēngrì shì jǐ yuè jǐ hào?

我 的 生日 是 <u>十一</u> 月 <u>四</u> 号。
Wǒ de shēngrì shì shíyī yuè sì hào.

现在几点？

杨：现在 几 点？
　　Xiànzài jǐ diǎn? 　　　　　　　　　　　　CD47

山田：现在 八 点。
　　　Xiànzài bā diǎn.

杨：足球 比赛 几 点 开始？
　　Zúqiú bǐsài jǐ diǎn kāishǐ?

山田：十 点 半 开始。
　　　Shí diǎn bàn kāishǐ.

杨：我们 什么 时候 走？
　　Wǒmen shénme shíhou zǒu?

山田：我们 九 点 一刻 走 吧。
　　　Wǒmen jiǔ diǎn yíkè zǒu ba.

● 新出単語 ●　　　　　　　　　　　　　　CD48

现在 xiànzài いま／几 点 jǐ diǎn 何時／足球 zúqiú サッカー／比赛 bǐsài 試合／开始 kāishǐ（结束 jiéshù）開始する（終了する）／什么时候 shénme shíhou いつ／吧 ba 〜しましょう

● 関連用語 ●　　　　　　　　　　　　　　CD49

电影 diànyǐng 映画／开门 kāimén（关门 guānmén）（門・店を）開く（閉じる）

文法

①時間　　　　　　　　　　　　　　　　　　　　　　　CD50

点	分	秒
diǎn	fēn	miǎo

一点　五分　　　两点　一刻（两点　十五分）　　三点　半（三点　三十分）
yìdiǎn　wǔfēn　　liǎngdiǎn　yíkè　（liǎngdiǎn shíwǔfēn）　sāndiǎn　bàn　（sāndiǎn sānshifēn）

四点　三刻（四点　四十五分）　　七点　五十五分（差五分　八点）
sìdiǎn　sānkè　（sìdiǎn　sìshiwǔfēn）　qīdiǎn　wǔshiwǔfēn　（chàwǔfēn　bādiǎn）

早上	上午	中午	下午	晚上
zǎoshang	shàngwǔ	zhōngwǔ	xiàwǔ	wǎnshang

♣関連表現

电影　几　点　开始？　　　　电影　八点　半　开始。
Diànyǐng jǐ diǎn kāishǐ?　　Diànyǐng bādiǎn bàn kāishǐ.

几　点　关门？　　　　　　　五点　三刻　关门。
Jǐ diǎn guānmén?　　　　　　Wǔdiǎn sānkè guānmén.

練習問題

1 以下の文章にピンインをつけるとともに、日本語に訳しなさい。

（1） 现在几点？现在十一点半。

　　（ピンイン）

　　（日本語訳）

（2） 现在几点？现在五点三刻。

　　（ピンイン）

　　（日本語訳）

（3） 比赛什么时候开始？比赛中午开始。

　　（ピンイン）

　　（日本語訳）

2 以下の文章を中国語（ピンイン・簡体字）に訳しなさい。

（1） いま何時ですか。いま2時45分です。

　　（ピンイン）

　　（簡体字）

（2） 大学は何時に始まりますか。大学は9時30分に始まります。

　　（ピンイン）

　　（簡体字）

（3） あなたは何時に行きますか。私は3時15分に行きます。

　　（ピンイン）

　　（簡体字）

単語帳 (スポーツ関連)

CD51

比赛 bǐsài	练习 liànxí	锻炼 duànliàn	训练 xùnliàn
集训 jíxùn	教练 jiàoliàn	裁判（员） cáipàn (yuán)	集合 jíhé
准备 zhǔnbèi	报名 bàomíng	申请 shēnqǐng	体操 tǐcāo
犯规 fànguī	规则 guīzé	抗议 kàngyì	受伤 shòushāng

第 5 课

チャレンジ

CD52

下線部を現在時刻に置きかえて言ってみましょう。

现在 几 点?
Xiànzài jǐ diǎn?

现在 下午 <u>两 点 半</u>。
Xiànzài xiàwǔ liǎng diǎn bàn.

第 6 课 你家有几口人？
Dì liù kè

CD53

杨：你 家 有 几 口 人？
　　Nǐ jiā yǒu jǐ kǒu rén?

山田：我 家 有 五 口 人。
　　　Wǒ jiā yǒu wǔ kǒu rén.

杨：都 有 谁？
　　Dōu yǒu shéi?

山田：爸爸、妈妈、两 个 哥哥 和 我。
　　　Bàba, māma, liǎng ge gēge hé wǒ.

杨：你 有 姐姐 吗？
　　Nǐ yǒu jiějie ma?

山田：没有，我 没有 姐姐。
　　　Méiyǒu, wǒ méiyǒu jiějie.

● 新出用語 ●　CD54

家 jiā 家／有 yǒu ある・いる／几口人 jǐkǒurén 何人（なんにん）／都 dōu みな・すべて／爸爸 bàba 父／妈妈 māma 母／两个 liǎngge 2人・2個／哥哥 gēge 兄／姐姐 jiějie 姉／没有 méi yǒu ない

● 関連単語 ●　CD55

时间 shíjiān 時間

30

文 法

①動詞 "有"「ある、持っている」所有を表す　　主語＋"有"＋目的語　　CD56

肯定文： 我　有　妹妹。　　　我　有　两　个　妹妹。／有。
　　　　 Wǒ　yǒu　mèimei.　　Wǒ　yǒu　liǎng　ge　mèimei.　Yǒu.

否定文： 我　没有　妹妹。　　没有。
　　　　 Wǒ　méiyǒu　mèimei.　Méiyǒu.

疑問文： 你　有　妹妹　吗？　你　有　几　个　妹妹？
　　　　 Nǐ　yǒu　mèimei　ma?　Nǐ　yǒu　jǐ　ge　mèimei?

♣関連表現

你　有　时间　吗？　有，我　有　时间。／没有，我　没有　时间。
Nǐ　yǒu　shíjiān　ma?　Yǒu, wǒ　yǒu　shíjiān.　Méiyǒu, wǒ　méiyǒu　shíjiān.

你　有　钱　吗？　有，我　有　钱。／没有，我　没有　钱。
Nǐ　yǒu　qián　ma?　Yǒu, wǒ　yǒu　qián.　Méiyǒu, wǒ　méiyǒu　qián.

你　有　男朋友　吗？　有，我　有　男朋友。
Nǐ　yǒu　nánpéngyou　ma?　Yǒu, wǒ　yǒu　nánpéngyou.

　　　　　　　　　　　　　没有，我　没有　男朋友。
　　　　　　　　　　　　　Méiyǒu, wǒ　méiyǒu　nánpéngyou.

今天　有　几　度？　今天　有　四十三　度。
Jīntiān　yǒu　jǐ　dù?　Jīntiān　yǒu　sìshisān　dù.

第 6 课

練習問題

1 以下の文章にピンインをつけるとともに、日本語に訳しなさい。

(1) 你有妹妹吗？我有妹妹。

(ピンイン)

(日本語訳)

(2) 你有手机吗？我没有手机。

(ピンイン)

(日本語訳)

(3) 他有比赛吗？他有比赛。

(ピンイン)

(日本語訳)

2 以下の文章を中国語（ピンイン・簡体字）に訳しなさい。

(1) あなたは何人家族ですか。私は4人家族です。

(ピンイン)

(簡体字)

(2) ((1)の質問を受けて) どんな方々ですか。父、母、兄と私です。

(ピンイン)

(簡体字)

(3) あなたはプロテインを持っていますか。私はプロテインを持っていません。

(ピンイン)

(簡体字)

単語帳（家族）

CD57

爷爷 yéye	奶奶 nǎinai	老爷 lǎoye	姥姥 lǎolao
爸爸 bàba	妈妈 māma	哥哥 gēge	姐姐 jiějie
弟弟 dìdi	妹妹 mèimei	我 wǒ	爱人 àiren
丈夫 zhàngfu	太太 tàitai	儿子 érzi	女儿 nǚér
孩子 háizi	孙子 sūnzi	孙女 sūnnü	家人 jiārén

CD58

チャレンジ

下線部を自分に置きかえて言ってみましょう。

你家有几口人?
Nǐ jiā yǒu jǐ kǒu rén?

我家有<u>五</u>口人，<u>爸爸、妈妈、哥哥、姐姐</u>和我。
Wǒ jiā yǒu wǔ kǒu rén, bàba, māma, gēge, jiějie hé wǒ.

第 7 课 Dì qī kè 体育馆在哪儿？

杨：请问， 体育馆 在 哪儿？
　　Qǐngwèn, tǐyùguǎn zài nǎr?

山田：体育馆 在 那儿。
　　　Tǐyùguǎn zài nàr.

杨：你 想 去 哪儿？
　　Nǐ xiǎng qù nǎr?

山田：我 想 去 体育馆。
　　　Wǒ xiǎng qù tǐyùguǎn.

杨：你 去 体育馆 做 什么？
　　Nǐ qù tǐyùguǎn zuò shénme?

山田：我 去 体育馆 打 乒乓球。
　　　Wǒ qù tǐyùguǎn dǎ pīngpāngqiú.

● 新出単語 ●　CD60

请问 qǐngwèn おたずねします／体育馆 tǐyùguǎn 体育館／在 zài ある・いる／想 xiǎng ～したい／做 zuò する／打 dǎ （球技などを）する／乒乓球 pīngpāngqiú 卓球

● 関連用語 ●　CD61

棒球 bàngqiú 野球／洗手间 xǐshǒujiān（厕所 cèsuǒ）トイレ／吃 chī 食べる（喝 hē 飲む）／篮球 lánqiú バスケットボール／跑步 pǎobù ジョギングする／健身房 jiànshēnfáng スポーツジム

文法

① 動詞 "在"「ある、いる」 所在・存在を表す　　もの・人＋"在"＋場所　CD62

肯定文： 操场　在　这儿。
　　　　Cāochǎng zài zhèr.

否定文： 操场　不在　这儿。
　　　　Cāochǎng búzài zhèr.

疑問文： 操场　在　哪儿？
　　　　Cāochǎng zài nǎr?

② 助動詞 "想"「～したい」　主語＋"想"＋動詞

肯定文： 我　想　去　游泳池。　　　我　想　打　棒球。
　　　　Wǒ xiǎng qù yóuyǒngchí.　Wǒ xiǎng dǎ bàngqiú.

否定文： 我　不　想　去　游泳池。　我　不　想　打　棒球。
　　　　Wǒ bù xiǎng qù yóuyǒngchí.　Wǒ bù xiǎng dǎ bàngqiú.

疑問文： 你　想　去　哪里？
　　　　Nǐ xiǎng qù nǎli?

　　　　你　想　去　游泳池　吗？
　　　　Nǐ xiǎng qù yóuyǒngchí ma?

　　　　你　想　做　什么？
　　　　Nǐ xiǎng zuò shénme?

③ 連動文　　主語＋動詞1＋目的語1＋動詞2＋目的語2

我　去　体育馆　打　篮球。
Wǒ qù tǐyùguǎn dǎ lánqiú.

你　去　食堂　吃饭　吗？
Nǐ qù shítáng chīfàn ma?

※連動文は動作順に並べます。

♣関連表現

洗手间　在　哪儿？　　洗手间　在　外边。
Xǐshǒujiān zài nǎr?　 Xǐshǒujiān zài wàibiān.

你　想　吃　什么？　　我　想　吃　这个。
Nǐ xiǎng chī shénme?　Wǒ xiǎng chī zhège.

第7课

練習問題

1 以下の文章にピンインをつけるとともに、日本語に訳しなさい。

(1) 你想去哪儿？我想去食堂。

（ピンイン）

（日本語訳）

(2) 他想吃什么？他想吃那个。

（ピンイン）

（日本語訳）

(3) 宿舍在哪儿？宿舍在北边。

（ピンイン）

（日本語訳）

2 以下の文章を中国語（ピンイン・簡体字）に訳しなさい。

(1) トイレはどこにありますか。トイレは左側にあります。

（ピンイン）

（簡体字）

(2) あなたはどこに行きたいですか。私はトイレに行きたいです。

（ピンイン）

（簡体字）

(3) 彼女は何をしたいですか。彼女はトレーニングをしたいです。

（ピンイン）

（簡体字）

単語帳 (方位詞)

CD63

前边 qiánbiān	后边 hòubiān	左边 zuǒbiān	右边 yòubiān
东边 dōngbiān	西边 xībiān	南边 nánbiān	北边 běibiān
上边 shàngbiān	下边 xiàbiān	里边 lǐbiān	外边 wàibiān
这边 zhèbiān (zhèi)	那边 nàbiān (nèi)	旁边 pángbiān	对面 duìmiàn

第 7 课

CD64

チャレンジ

下線部を自分に置きかえて言ってみましょう。

请问, <u>体育馆</u> 在 哪儿?
Qǐngwèn, tǐyùguǎn zài nǎr?

<u>体育馆</u> 在 <u>那儿</u>。
Tǐyùguǎn zài nàr.

第 8 课 山田太郎在家吗？
Dì bā kè

杨：喂， 您好。 山田 太郎 在 家 吗？ CD65
　　Wéi, nínhǎo. Shāntián Tàiláng zài jiā ma?

山田爸爸：你 是 哪 一 位？
　　　　　Nǐ shì nǎ yí wèi?

杨：我 是 杨 佳伟， 他 的 朋友。
　　Wǒ shì Yáng Jiāwěi, tā de péngyou.

山田爸爸：他 不 在 家。 他 在 健身房。
　　　　　Tā bú zài jiā. Tā zài jiànshēnfáng.

杨：那， 他 的 手机 号码 是 多少？
　　Nà, tā de shǒujī hàomǎ shì duōshao?

山田爸爸：他 的 手机 号码 是 139 1837 1980。
　　　　　Tā de shǒujī hàomǎ shì yāo sān jiǔ yāo bā sān qī yāo jiǔ bā líng.

● 新出单语 ● CD66

喂 wéi もしもし／在 zài ある・いる／家 jiā 家／哪一位？nǎyíwèi どちらさまですか／号码 hàomǎ 番号／多少 duōshao いくつ／那 nà それでは

● 関連用語 ● CD67

电话 diànhuà 電話／房间 fángjiān 部屋／护照 hùzhào パスポート／学号 xuéhào 学籍番号／运动员 yùndòngyuán 選手

文法

①動詞 "在"「いる、ある」（否定形は不在）　　もの・人＋"在"＋場所　　CD68

肯定文：我　在　大学。　　他　在　医院。
　　　　Wǒ　zài　dàxué.　　Tā　zài　yīyuàn.

否定文：我　不　在　大学。　　他　不　在　医院。
　　　　Wǒ　bú　zài　dàxué.　　Tā　bú　zài　yīyuàn.

疑問文：你　在　大学　吗？　　他　在　医院　吗？
　　　　Nǐ　zài　dàxué　ma?　　Tā　zài　yīyuàn　ma?

　　　　你　在　哪里？　　他　在　哪里？
　　　　Nǐ　zài　nǎli?　　Tā　zài　nǎli?

②数の言い方（100以上）

一百　　　一百零一　　　一百一(十)　　　一百一十一　　　一百二(十)
yìbǎi　　yìbǎilíngyī　　yìbǎiyī(shí)　　yìbǎiyīshiyī　　yìbǎièr(shí)

♣関連表現

你　的　电话　号码　是　多少？
Nǐ　de　diànhuà　hàomǎ　shì　duōshao?

我　的　电话　号码　是　2283306。
Wǒ　de　diànhuà　hàomǎ　shì　èr èr bā sān sān líng liù.

你　的　房间　号码　是　多少？
Nǐ　de　fángjiān　hàomǎ　shì　duōshao?

我　的　房间　号码　是　1107　号。
Wǒ　de　fángjiān　hàomǎ　shì　yāo yāo líng qī　hào.

打　电话。　接　电话。　占线。　通话中。　你　是　哪　一　位？
Dǎ　diànhuà.　Jiē　diànhuà.　Zhànxiàn.　Tōnghuàzhōng.　Nǐ　shì　nǎ　yí　wèi?

请　稍　等。　请　等一下。　请　留言。
Qǐng　shāo　děng.　Qǐng　děngyíxià.　Qǐng　liúyán.

※番号などを言うとき、1は通常 yāo と言います。また、0は dòng と言うことがあります。

練習問題

1 以下の文章にピンインをつけるとともに、日本語に訳しなさい。

（1） 你在哪儿？我在大学。

（ピンイン）

（日本語訳）

（2） 他在健身房吗？他在健身房。

（ピンイン）

（日本語訳）

（3） 你的房间号码是多少？我的房间号码是402。

（ピンイン）

（日本語訳）

2 以下の文章を中国語（ピンイン・簡体字）に訳しなさい。

（1） 選手達はどこにいますか。選手達はグランドにいます。

（ピンイン）

（簡体字）

（2） 彼女は食堂にいますか。彼女は食堂にいません。

（ピンイン）

（簡体字）

（3） あなたの学生番号は何番ですか。私の学生番号は0773324です。

（ピンイン）

（簡体字）

単語帳 (街中)

CD69

医院 yīyuàn	便利店 biànlìdiàn	餐厅 cāntīng	快餐店 kuàicāndiàn
超级市场(超市) chāojíshìchǎng (chāoshì)	大楼 dàlóu	商场 shāngchǎng	公司 gōngsī
银行 yínháng	邮局 yóujú	公园 gōngyuán	饭店(酒店) fàndiàn (jiǔdiàn)
机场 jīchǎng	飞机 fēijī	车站 chēzhàn	火车 huǒchē

第8课

チャレンジ

CD70

下線部を自分の各種番号に置きかえて言ってみましょう。

你 的 <u>学号</u> 是 多少?
Nǐ de xuéhào shì duōshao?

我 的 <u>学号</u> 是 ___202179___ 。
Wǒ de xuéhào shì èr líng èr yāo qī jiǔ.

第 9 课 你喜欢什么?
Dì jiǔ kè

CD71

杨：你 喜欢 做 什么?
　　Nǐ xǐhuan zuò shénme?

山田：我 喜欢 运动。
　　　Wǒ xǐhuan yùndòng.

杨：你 喜欢 什么 运动?
　　Nǐ xǐhuan shénme yùndòng?

山田：我 喜欢 踢 足球。
　　　Wǒ xǐhuan tī zúqiú.

杨：真 的 吗? 我 也 喜欢 踢 足球。
　　Zhēn de ma? Wǒ yě xǐhuan tī zúqiú.

山田：那， 我们 一起 踢 足球 吧。
　　　Nà, wǒmen yìqǐ tī zúqiú ba.

新出单语

CD72

喜欢 xǐhuan 好きである／踢 tī 蹴る／真的吗? zhēn de ma? 本当ですか／一起 yìqǐ 一緒に・一斉に／吧 ba 〜しましょう

関連用語

CD73

麻婆豆腐 mápódòufu 麻婆豆腐／回锅肉 huíguōròu 回鍋肉／饺子 jiǎozi 餃子／生鱼片（刺身）shēngyúpiàn(cìshēn) 刺身／菜（料理）cài(liàolǐ) 料理／学习 xuéxí 勉強する／看电影 kàn diànyǐng 映画を観る／喝 酒 hē jiǔ 酒を飲む／啤酒 píjiǔ ビール／打 麻将 dǎ májiàng 麻雀をする／买 东西 mǎi dōngxi 買い物をする／排球 páiqiú バレーボール／烧卖 shāomài 烧卖

文 法

① **"喜欢"**　～が好きである。　　　　　　　　　　　　　　　CD74

肯定文：我　喜欢　锻炼。　　　　　　我　喜欢　打　棒球。
　　　　Wǒ　xǐhuan　duànliàn.　　　　Wǒ　xǐhuan　dǎ　bàngqiú.

否定文：我　不　喜欢　锻炼。　　　　我　不　喜欢　打　棒球。
　　　　Wǒ　bù　xǐhuan　duànliàn.　　Wǒ　bù　xǐhuan　dǎ　bàngqiú.

疑問文：你　喜欢　锻炼　吗？　　　　你　喜欢　打　棒球　吗？
　　　　Nǐ　xǐhuan　duànliàn　ma?　　Nǐ　xǐhuan　dǎ　bàngqiú　ma?

　　　　你　喜欢　做　什么？
　　　　Nǐ　xǐhuan　zuò　shénme?

　　　　你　喜欢　什么　锻炼？　　　你　喜欢　什么　运动？
　　　　Nǐ　xǐhuan　shénme　duànliàn?　Nǐ　xǐhuan　shénme　yùndòng?

♣ 関連表現

你　喜欢　吃　什么？　我　喜欢　吃　麻婆豆腐。
Nǐ　xǐhuan　chī　shénme?　Wǒ　xǐhuan　chī　mápódòufu.

你　喜欢　吃　什么　菜？　我　喜欢　吃　回锅肉。
Nǐ　xǐhuan　chī　shénme　cài?　Wǒ　xǐhuan　chī　huíguōròu.

※ 参考

很　喜欢　　最　喜欢　　真　喜欢　　非常　喜欢
hěn xǐhuan　zuì xǐhuan　zhēn xǐhuan　fēicháng xǐhuan

不　喜欢　　不　太　喜欢
bù xǐhuan　　bú tài xǐhuan

第 9 课

練習問題

1 以下の文章にピンインをつけるとともに、日本語に訳しなさい。

（1） 你喜欢吃什么？我喜欢吃烧卖。

（ピンイン）

（日本語訳）

（2） 你喜欢吃什么菜？我喜欢吃麻婆豆腐。

（ピンイン）

（日本語訳）

（3） 他喜欢吃生鱼片吗？他不喜欢吃生鱼片。

（ピンイン）

（日本語訳）

2 以下の文章を中国語（ピンイン・簡体字）に訳しなさい。

（1） 私は中国料理が好きです。本当ですか、私も中国料理が好きです。

（ピンイン）

（簡体字）

（2） 私は勉強が好きではありません。
本当ですか、私も勉強は好きではありません。
（ピンイン）

（簡体字）

（3） 私は映画を見るのが好きです。
それでは、私達は一緒に映画を見に行きましょう。
（ピンイン）

（簡体字）

単語帳 (行動)

CD75

打 麻将 dǎ májiàng	喝 酒 hē jiǔ	吃 饭 chī fàn	唱 歌 chàng gē
听 音乐 tīng yīnyuè	看 电影 kàn diànyǐng	玩儿 电脑 wánr diànnǎo	做 菜 zuò cài
买 东西 mǎi dōngxi	写 字 xiě zì	上网 shàngwǎng	发 邮件 fā yóujiàn
说话 shuōhuà	穿 衣服 chuān yīfu	脱 鞋 tuō xié	排队 páiduì

第 9 课

チャレンジ

CD76

下線部を自分に置きかえて言ってみましょう。

你 喜欢 做 什么?
Nǐ xǐhuan zuò shénme?

我 喜欢 打 排球。
Wǒ xǐhuan dǎ páiqiú.

你身体真棒！

杨：你 身体 真 棒！ 锻炼 身体 吗？
　　Nǐ shēntǐ zhēn bàng! Duànliàn shēntǐ ma?

山田：我 每天 锻炼 身体。
　　　Wǒ měitiān duànliàn shēntǐ.

杨：你 锻炼 几 个 小时。
　　Nǐ duànliàn jǐ ge xiǎoshí.

山田：两 个 小时。你 看，这 是 我 的 杠铃。
　　　Liǎng ge xiǎoshí. Nǐ kàn, zhè shì wǒ de gànglíng.

杨：很 重，有 一百 公斤 吧。
　　Hěn zhòng, yǒu yìbǎi gōngjīn ba.

山田：你 试试 吧！
　　　Nǐ shìshi ba!

● 新出単語 ●　　CD78

身体 shēntǐ 体／真 zhēn 本当に／棒 bàng すばらしい、よい／每天 měitiān 毎日／几个 jǐge いくつ／小时 xiǎoshí 時間／看 kàn 見る／杠铃 gànglíng バーベル／重 zhòng 重い／公斤 gōngjīn キログラム／试试 shìshi ちょっと試してみる／吧 ba 〜しましょう、〜して下さい

● 関連用語 ●　　CD79

哑铃 yǎlíng ダンベル・鉄アレイ／肌肉 jīròu 筋肉／个子 gèzi 身長

文法

①形容詞述語文　　主語＋"很"＋形容詞（※否定形は"很"をつけない）　CD80

肯定文： 他 很 高。　　天气 很 好。
Tā hěn gāo. Tiānqì hěn hǎo.

否定文： 他 不 高。　　天气 不 好。
Tā bù gāo. Tiānqì bù hǎo.

疑問文： 他 高 吗？　　天气 好 吗？
Tā gāo ma? Tiānqì hǎo ma?

身体 怎么样？　　天气 怎么样？
Shēntǐ zěnmeyàng? Tiānqì zěnmeyàng?

※"是"は使いません。

②主述述語文　　主語＋述語[主語＋述語]「～は～が～だ」

肯定文： 他 个子 很 高。　　今天 天气 很 好。
Tā gèzi hěn gāo. Jīntiān tiānqì hěn hǎo.

否定文： 他 个子 不 高。　　今天 天气 不 好。
Tā gèzi bù gāo. Jīntiān tiānqì bù hǎo.

疑問文： 他 个子 高 吗？　　今天 天气 好 吗？
Tā gèzi gāo ma? Jīntiān tiānqì hǎo ma?

他 身体 怎么样？　　今天 天气 怎么样？
Tā shēntǐ zěnmeyàng? Jīntiān tiānqì zěnmeyàng?

③文末の助詞"吧"

(1) 勧誘・提案 「～しましょう、～して下さい」

我们 去 吧。　　我们 吃 饭 吧。
Wǒmen qù ba. Wǒmen chī fàn ba.

(2) 推量・確認 「～でしょう」

你 是 日本人 吧。　　他 是 学生 吧。
Nǐ shì Rìběnrén ba. Tā shì xuésheng ba.

(3) 軽い命令 「しなさい」

请 点菜 吧。　　多 吃 点儿 吧。
Qǐng diǎncài ba. Duō chī diǎnr ba.

♣関連表現

今天 热 吗？　　今天 很 热(冷)。／今天 不 热。
Jīntiān rè ma? Jīntiān hěn rè (lěng). Jīntiān bú rè.

这个 重 吗？　　这个 很 重(轻)。／这个 不 重。
Zhège zhòng ma? Zhège hěn zhòng (qīng). Zhège bú zhòng.

第10课

練習問題

1 以下の文章にピンインをつけるとともに、日本語に訳しなさい。

（1） 他重吗？他不重。

　　（ピンイン）

　　（日本語訳）

（2） 她高吗？她很高。

　　（ピンイン）

　　（日本語訳）

（3） 这个贵吗？这个很便宜。

　　（ピンイン）

　　（日本語訳）

2 以下の文章を中国語（ピンイン・簡体字）に訳しなさい。

（1） あれは大きいですか。あれは大きいです。

　　（ピンイン）

　　（簡体字）

（2） グランドは近いですか。グランドは遠いです。

　　（ピンイン）

　　（簡体字）

（3） あなたは何時間練習をしますか。私は4時間練習をします。

　　（ピンイン）

　　（簡体字）

単語帳（対義語）

CD81

高 — 低 gāo　dī	长 — 短 cháng　duǎn	远 — 近 yuǎn　jìn	快 — 慢 kuài　màn
新 — 旧 xīn　jiù	大 — 小 dà　xiǎo	深 — 浅 shēn　qiǎn	多 — 少 duō　shǎo
轻 — 重 qīng　zhòng	冷 — 热 lěng　rè	胖 — 瘦 pàng　shòu	贵 — 便宜 guì　piányi

第10课

チャレンジ

CD82

下線部を置きかえて言ってみましょう。

今天 <u>热</u> 吗?　　今天 很 <u>热</u>。　／　今天 不 <u>热</u>。
Jīntiān rè ma?　　Jīntiān hěn rè.　　　Jīntiān bú rè.

这个 <u>重</u> 吗?　　这个 很 <u>重</u>。　／　这个 不 <u>重</u>。
Zhège zhòng ma?　Zhège hěn zhòng.　　Zhège bú zhòng.

第 11 课 您要什么？
Dì shíyī kè

服务员：欢迎 光临。您 要 什么？
　　　　Huānyíng guānglín. Nín yào shénme?

杨：我 要 这个。
　　Wǒ yào zhège.

服务员：还 要 别 的 吗？
　　　　Hái yào bié de ma?

杨：我 还 要 那个。一共 多少 钱？
　　Wǒ hái yào nàge. Yígòng duōshao qián?

服务员：一百 块。
　　　　Yìbǎi kuài.

杨：太 贵 了，便宜 一点儿 吧！
　　Tài guì le, piányi yìdiǎnr ba!

CD83

● 新出単語 ●
CD84

欢迎光临 huānyíng guānglín いらっしゃいませ／要 yào 欲しい・要る／别的 biéde 別のもの／一共 yígòng 合わせて・全部で／块 kuài 元／太贵了 tài guì le とても高い／便宜 piányi 安い／一点儿 yìdiǎnr 少し

● 関連用語 ●
CD85

服务员 fúwùyuán 従業員、店員／运动鞋 yùndòngxié 運動靴／面条 miàntiáo 麺類／可乐 kělè コーラ／炒饭 chǎofàn 焼き飯／钱 qián お金／拉面 lāmiàn ラーメン／哪个 nǎge どれ

文法

①金額の言い方　　1元 = 10角 = 100分　　　　　　　　CD86

書き言葉	元 yuán	角 jiǎo	分 fēn
話し言葉	块 kuài	毛 máo	分 fēn

一 块　　两 块 钱　　三 块 五 毛　　四 块 二　　五 百 块
Yí kuài　liǎng kuài qián　sān kuài wǔ máo　sì kuài èr　wǔ bǎi kuài

②助動詞 "要"　　「ほしい・要る」

肯定文：我 要 这个。
　　　　Wǒ yào zhège.

否定文：我 不 要 这个。
　　　　Wǒ bú yào zhège.

疑問文：你 要 什么?　　你 要 哪个?　　你 要 这个 吗?
　　　　Nǐ yào shénme?　Nǐ yào nǎge?　Nǐ yào zhège ma?

③助動詞 "要"　　「～したい」主語＋要＋動詞＋（目的語）

肯定文：我 要 吃 面包。　　　　我 要 喝 可乐。
　　　　Wǒ yào chī miànbāo.　　Wǒ yào hē kělè.

否定文：我 不 想 吃 面包。　　我 不 想 喝 可乐。
　　　　Wǒ bù xiǎng chī miànbāo.　Wǒ bù xiǎng hē kělè.

疑問文：你 要 吃 什么?　　　　你 要 喝 什么?
　　　　Nǐ yào chī shénme?　　Nǐ yào hē shénme?

※否定は "不想" になります。

♣関連表現

你 要 哪个?　我 要 右边 的。／我 要 大 的。
Nǐ yào nǎge?　Wǒ yào yòubiān de.　Wǒ yào dà de.

多少 钱?　这个 多少 钱?　多少 钱 一 个?
Duōshǎo qián?　Zhège duōshǎo qián?　Duōshǎo qián yí ge?

※数量が２つのときは、"两 (liǎng) 个" を用います。

　　数量をたずねるときは、"几 (jǐ) 个"（いくつ）を用います。

練習問題

1 以下の文章にピンインをつけるとともに、日本語に訳しなさい。

（1）欢迎光临。你要什么？我要那个。

（ピンイン）

（日本語訳）

（2）多少钱？三百块钱。太贵了，便宜一点吧。

（ピンイン）

（日本語訳）

（3）你要吃什么？我要吃拉面。

（ピンイン）

（日本語訳）

2 以下の文章を中国語（ピンイン・簡体字）に訳しなさい。

（1）あなたはどれが欲しいですか。私は左側のが欲しいです。

（ピンイン）

（簡体字）

（2）あなたはこれが欲しいですか。私はこれは要りません。

（ピンイン）

（簡体字）

（3）合計でいくらですか。2元5角です。高いです。負けて下さい。

（ピンイン）

（簡体字）

単語帳 (色)

CD87

黑色 hēisè	白色 báisè	红色 hóngsè	蓝色 lánsè
黄色 huángsè	绿色 lǜsè	紫色 zǐsè	粉红色 fěnhóngsè
天蓝色 tiānlánsè	豆绿色 dòulǜsè	灰色 huīsè	橘黄色 júhuángsè

第 11 课

CD88

チャレンジ

下線部を置きかえて言ってみましょう。

你 要 <u>什么</u>?
Nǐ yào shénme?

我 要 <u>这个</u>。
Wǒ yào zhège.

第 12 课 你打羽毛球打得很好！
Dì shí'èr kè

CD89

杨：你 打 羽毛球 打 得 真 好！
　　Nǐ dǎ yǔmáoqiú dǎ de zhēn hǎo!

山田：你 也 打 得 很 好 吧。
　　　Nǐ yě dǎ de hěn hǎo ba.

杨：我 打 得 不 好。
　　Wǒ dǎ de bù hǎo.

山田：她 会 打 乒乓球 吗？
　　　Tā huì dǎ pīngpāngqiú ma?

杨：她 一点儿 也 不 会。
　　Tā yìdiǎnr yě bú huì.

山田：那，我 教 你们 打 乒乓球。
　　　Nà, wǒ jiāo nǐmen dǎ pīngpāngqiú.

● 新出単語 ●　CD90

羽毛球 yǔmáoqiú バドミントン／一点儿也不 yìdiǎn yě bù 少しも～でない

● 関連用語 ●　CD91

滑冰 huábīng スケート／唱 歌 chàng gē 歌を歌う／写 字 xiě zì 字を書く／网球 wǎngqiú テニス

文法

①助詞 "得"　　動作の様態を言う表現「～するのが～だ」　　CD92

主語＋動詞＋得＋形容詞

肯定文： 你 打得 很 好。
　　　　Nǐ dǎde hěn hǎo.

否定文： 你 打得 不 好。
　　　　Nǐ dǎde bù hǎo.

疑問文： 你 打得 好 吗?
　　　　Nǐ dǎde hǎo ma?

※目的語が入ると下記の語順になります。

主語（＋動詞）＋目的語＋動詞＋得＋形容詞

肯定文： 你 打 棒球 打得 很 好。
　　　　Nǐ dǎ bàngqiú dǎde hěn hǎo.

否定文： 你 打 棒球 打得 不 好。
　　　　Nǐ dǎ bàngqiú dǎde bù hǎo.

疑問文： 你 打 棒球 打得 好 吗?
　　　　Nǐ dǎ bàngqiú dǎde hǎo ma?

②助動詞 "会"　　"会" は学習・練習の結果、何らかの技能が「できる」という意味です。

肯定文： 我 会 打 棒球。
　　　　Wǒ huì dǎ bàngqiú.

否定文： 我 不 会 打 棒球。
　　　　Wǒ bú huì dǎ bàngqiú.

疑問文： 你 会 打 棒球 吗? ／ 你 会 不 会 打 棒球?
　　　　Nǐ huì dǎ bàngqiú ma?　 Nǐ huì bu huì dǎ bàngqiú?

　　　　我 会 打 棒球。
　　　　Wǒ huì dǎ bàngqiú.

♣関連表現

你 会 说 中文 吗?
Nǐ huì shuō zhōngwén ma?

我 会 说 中文。／ 我 不 会 说 中文。
Wǒ huì shuō zhōngwén.　Wǒ bú huì shuō zhōngwén.

練習問題

1 以下の文章にピンインをつけるとともに、日本語に訳しなさい。

（1）你会游泳吗？我会游泳。

（ピンイン）

（日本語訳）

（2）他打棒球打得好吗？他打棒球打得很好。

（ピンイン）

（日本語訳）

（3）你跑得快吗？我跑得不快。

（ピンイン）

（日本語訳）

2 以下の文章を中国語（ピンイン・簡体字）に訳しなさい。

（1）彼女は泳ぐのが速いですか。彼女は泳ぐのが遅いです。

（ピンイン）

（簡体字）

（2）あなたはバスケットボールができますか。私はバスケットボールが全くできません。

（ピンイン）

（簡体字）

（3）彼は中国語が話せますか。彼は中国語が話せません。

（ピンイン）

（簡体字）

単語帳 (動作)

CD93

跑 pǎo	站 zhàn	坐 zuò	走 zǒu
听 tīng	看 kàn	写 xiě	念(读) niàn (dú)
说 shuō	吃 chī	喝 hē	躺 tǎng
打 dǎ	踢 tī	做(干) zuò gàn	赢 yíng

第12课

CD94

チャレンジ

下線部を置きかえて言ってみましょう。

你 会 打 网球 吗?　　我 会 打 网球。
Nǐ huì dǎ wǎngqiú ma?　　Wǒ huì dǎ wǎngqiú.

　　　　　　　　　　　　我 不会 打 网球。
　　　　　　　　　　　　Wǒ bú huì dǎ wǎngqiú.

ドリル 1

1 以下の文章を簡体字にするとともに、日本語に訳しなさい。

（1） Nǐmen shì nǎguórén?　Wǒmen shì Rìběnrén.

（簡体字）

（日本語訳）

（2） Nǐ shì liúxuéshēng ma?　Wǒ shì liúxuéshēng.

（簡体字）

（日本語訳）

（3） Tā yě shì Yīngguórén ma?　Tā yě shì Yīngguórén.

（簡体字）

（日本語訳）

2 以下の文章を中国語（簡体字・ピンイン）に訳しなさい。

（1） あなたたちも学生ですか。私たちも学生です。

（簡体字）

（ピンイン）

（2） 彼らはフランス人ですか。いいえ、彼らはフランス人ではありません。

（簡体字）

（ピンイン）

（3） 彼女たちはどこの国の人（何人）ですか。彼女たちはドイツ人です。

（簡体字）

（ピンイン）

ドリル 2

1 以下の文章を簡体字にするとともに、日本語に訳しなさい。

（1） Nà shì nǐ de ma?　Nà shì wǒ de.

（簡体字）

（日本語訳）

（2） Nà shì shéi de kèběn?　Nà shì lǎoshī de kèběn.

（簡体字）

（日本語訳）

（3） Zhè shì nǐ de bǐjìběn ma?　Zhè búshì wǒ de bǐjìběn.

（簡体字）

（日本語訳）

2 以下の文章を中国語（簡体字・ピンイン）に訳しなさい。

（1） 彼女は誰ですか。彼女は私のガールフレンドです。

（簡体字）

（ピンイン）

（2） あれはあなたのですか。あれは私のではありません。

（簡体字）

（ピンイン）

（3） 彼はどこの人（出身）ですか。彼は上海人です。

（簡体字）

（ピンイン）

ドリル 3

1 以下の文章を簡体字にするとともに、日本語に訳しなさい。

（1） Zuótiān jǐ yuè jǐ hào?　Zuótiān bā yuè bā hào.

（簡体字）＿＿＿＿＿＿＿＿＿＿＿＿＿＿＿＿＿＿＿＿＿＿＿＿＿＿＿

（日本語訳）＿＿＿＿＿＿＿＿＿＿＿＿＿＿＿＿＿＿＿＿＿＿＿＿＿＿

（2） Hòutiān xīngqī jǐ?　Hòutiān xīngqīliù.

（簡体字）＿＿＿＿＿＿＿＿＿＿＿＿＿＿＿＿＿＿＿＿＿＿＿＿＿＿＿

（日本語訳）＿＿＿＿＿＿＿＿＿＿＿＿＿＿＿＿＿＿＿＿＿＿＿＿＿＿

（3） Nǐmen qù nǎr?　Wǒmen qù túshūguǎn.

（簡体字）＿＿＿＿＿＿＿＿＿＿＿＿＿＿＿＿＿＿＿＿＿＿＿＿＿＿＿

（日本語訳）＿＿＿＿＿＿＿＿＿＿＿＿＿＿＿＿＿＿＿＿＿＿＿＿＿＿

2 以下の文章を中国語（簡体字・ピンイン）に訳しなさい。

（1） 彼らはどこに行きますか。彼らは韓国に行きます。

（簡体字）＿＿＿＿＿＿＿＿＿＿＿＿＿＿＿＿＿＿＿＿＿＿＿＿＿＿＿

（ピンイン）＿＿＿＿＿＿＿＿＿＿＿＿＿＿＿＿＿＿＿＿＿＿＿＿＿＿

（2） あなたは宿舎に帰りますか。私は宿舎に帰りません。

（簡体字）＿＿＿＿＿＿＿＿＿＿＿＿＿＿＿＿＿＿＿＿＿＿＿＿＿＿＿

（ピンイン）＿＿＿＿＿＿＿＿＿＿＿＿＿＿＿＿＿＿＿＿＿＿＿＿＿＿

（3） 彼はお店に行きますか。行きません。

（簡体字）＿＿＿＿＿＿＿＿＿＿＿＿＿＿＿＿＿＿＿＿＿＿＿＿＿＿＿

（ピンイン）＿＿＿＿＿＿＿＿＿＿＿＿＿＿＿＿＿＿＿＿＿＿＿＿＿＿

ドリル 4

1 以下の文章を簡体字にするとともに、日本語に訳しなさい。

（1） Nǐ jǐ suì?　Wǒ wǔ suì.

（簡体字）

（日本語訳）

（2） Nín duōdà niánjì?　Wǒ jiǔshíliù suì.

（簡体字）

（日本語訳）

（3） Tāmen hòunián duōdà?　Tāmen hòunián wǔshí suì.

（簡体字）

（日本語訳）

2 以下の文章を中国語（簡体字・ピンイン）に訳しなさい。

（1） 彼女はおととし何歳でしたか。彼女はおととし37歳でした。

（簡体字）

（ピンイン）

（2） あなたは今年25歳ですか。はい、私は今年25歳です。

（簡体字）

（ピンイン）

（3） 彼は巳（み）年ですか。いいえ、彼は午（うま）年です。

（簡体字）

（ピンイン）

ドリル 5

1 以下の文章を簡体字にするとともに、日本語に訳しなさい。

（1） Xiànzài jǐ diǎn?　Xiàzài xiàwǔ liǎng diǎn sān kè.

（簡体字）_____

（日本語訳）_____

（2） Liànxí jǐ diǎn jiéshù?　Liànxí zǎoshang bā diǎn jiéshù.

（簡体字）_____

（日本語訳）_____

（3） Bǐsài shénme shíhou kāishǐ?　Bǐsài wǎnshang qīdiǎn sānshífēn kāishǐ.

（簡体字）_____

（日本語訳）_____

2 以下の文章を中国語（簡体字・ピンイン）に訳しなさい。

（1） いま何時ですか。いま6時15分前です。

（簡体字）_____

（ピンイン）_____

（2） お店は何時に閉まりますか。お店は午後10時半に閉まります。

（簡体字）_____

（ピンイン）_____

（3） 彼らは何時に行きますか。彼らは午前8時45分に行きます。

（簡体字）_____

（ピンイン）_____

ドリル 6

1 以下の文章を簡体字にするとともに、日本語に訳しなさい。

（1） Tā yǒu nánpéngyou ma?　Tā yǒu nánpéngyou.

（簡体字）_____

（日本語訳）_____

（2） Nǐ yǒu qiānbǐ ma?　Wǒ méi yǒu qiānbǐ.

（簡体字）_____

（日本語訳）_____

（3） Nǐ yǒu gēge ma?　Yǒu, wǒ yǒu yí ge gēge.

（簡体字）_____

（日本語訳）_____

2 以下の文章を中国語（簡体字・ピンイン）に訳しなさい。

（1） 彼はガールフレンド(彼女)がいますか。彼はガールフレンドがいません。

（簡体字）_____

（ピンイン）_____

（2） 今朝は何度ありますか。今朝は15度あります。

（簡体字）_____

（ピンイン）_____

（3） 明日あなたたちは練習がありますか。明日私たちは練習があります。

（簡体字）_____

（ピンイン）_____

ドリル 7

1 以下の文章を簡体字にするとともに、日本語に訳しなさい。

（1） Nǐ xiǎng qù nǎr?　Wǒ xiǎng qù cāochǎng.

（簡体字）

（日本語訳）

（2） Nǐ qù cāochǎng zuò shénme?　Wǒ qù cāochǎng pǎobù.

（簡体字）

（日本語訳）

（3） Tā xiǎng qù túshūguǎn ma?　Tā bù xiǎng qù túshūguǎn.

（簡体字）

（日本語訳）

2 以下の文章を中国語（簡体字・ピンイン）に訳しなさい。

（1） あなたはどこに行きたいですか。私はスポーツジムに行きたいです。

（簡体字）

（ピンイン）

（2） あなたはスポーツジムに行って何をしたいですか。
　　 私はスポーツジムに行ってトレーニングをしたいです。

（簡体字）

（ピンイン）

（3） 彼女は何が飲みたいですか。彼女はプロテインが飲みたいです。

（簡体字）

（ピンイン）

ドリル 8

1 以下の文章を簡体字にするとともに、日本語に訳しなさい。

（1） Tā zài nǎr?　Tā zài chāojí shìchǎng.

（簡体字）＿＿＿＿＿＿＿＿＿＿＿＿＿＿＿＿＿＿＿＿＿＿＿＿＿＿＿＿

（日本語訳）＿＿＿＿＿＿＿＿＿＿＿＿＿＿＿＿＿＿＿＿＿＿＿＿＿＿＿

（2） Tāmen zài jiǔdiàn ma?　Tāmen bú zài jiǔdiàn.

（簡体字）＿＿＿＿＿＿＿＿＿＿＿＿＿＿＿＿＿＿＿＿＿＿＿＿＿＿＿＿

（日本語訳）＿＿＿＿＿＿＿＿＿＿＿＿＿＿＿＿＿＿＿＿＿＿＿＿＿＿＿

（3） Nǐ de hùzhào hàomǎ shì duōshao?　Wǒ de hùzhào hàomǎ shì 0830192.

（簡体字）＿＿＿＿＿＿＿＿＿＿＿＿＿＿＿＿＿＿＿＿＿＿＿＿＿＿＿＿

（日本語訳）＿＿＿＿＿＿＿＿＿＿＿＿＿＿＿＿＿＿＿＿＿＿＿＿＿＿＿

2 以下の文章を中国語（簡体字・ピンイン）に訳しなさい。

（1） あなたのガールフレンドはどこにいますか。私のガールフレンドは公園にいます。

（簡体字）＿＿＿＿＿＿＿＿＿＿＿＿＿＿＿＿＿＿＿＿＿＿＿＿＿＿＿＿

（ピンイン）＿＿＿＿＿＿＿＿＿＿＿＿＿＿＿＿＿＿＿＿＿＿＿＿＿＿＿

（2） 大学の電話番号は何番ですか。大学の電話番号は 082-755-5051 です。

（簡体字）＿＿＿＿＿＿＿＿＿＿＿＿＿＿＿＿＿＿＿＿＿＿＿＿＿＿＿＿

（ピンイン）＿＿＿＿＿＿＿＿＿＿＿＿＿＿＿＿＿＿＿＿＿＿＿＿＿＿＿

（3） もしもし、楊佳偉さんは家にいますか。彼女は家にいます。ちょっと待って下さい。

（簡体字）＿＿＿＿＿＿＿＿＿＿＿＿＿＿＿＿＿＿＿＿＿＿＿＿＿＿＿＿

（ピンイン）＿＿＿＿＿＿＿＿＿＿＿＿＿＿＿＿＿＿＿＿＿＿＿＿＿＿＿

ドリル 9

1 以下の文章を簡体字にするとともに、日本語に訳しなさい。

（1） Nǐ xǐhuan zuò shénme?　Wǒ xǐhuan hējiǔ.

（簡体字）

（日本語訳）

（2） Nǐ xǐhuan hē shénme jiǔ?　Wǒ xǐhuan hē píjiǔ.

（簡体字）

（日本語訳）

（3） Wǒ yě xǐhuan dǎ májiàng.　Nà, wǒmen yìqǐ dǎ májiàng ba.

（簡体字）

（日本語訳）

2 以下の文章を中国語（簡体字・ピンイン）に訳しなさい。

（1） あなたたちは何が好きですか。私たちは野球をするのが好きです。

（簡体字）

（ピンイン）

（2） 彼女は何をするのが好きですか。彼女は買物をするのが好きです。

（簡体字）

（ピンイン）

（3） あなたは歌を歌うのが好きですか。私は歌を歌うのが好きです。

（簡体字）

（ピンイン）

ドリル 10

1 以下の文章を簡体字にするとともに、日本語に訳しなさい。

（1） Tā piàoliang ma?　Tā hěn piàoliang.

（簡体字）

（日本語訳）

（2） Tā shuài ma?　Tā hěn shuài.

（簡体字）

（日本語訳）

（3） Zhè ge yǎlíng zhòng ma?　Zhè ge yǎlíng hěn qīng.

（簡体字）

（日本語訳）

2 以下の文章を中国語（簡体字・ピンイン）に訳しなさい。

（1） 明日の天気はどうですか。明日の天気は良くないです。

（簡体字）

（ピンイン）

（2） 明後日は寒いですか。明後日は暑いです。

（簡体字）

（ピンイン）

（3） ここは深いですか。ここは浅いです。

（簡体字）

（ピンイン）

ドリル11

1 以下の文章を簡体字にするとともに、日本語に訳しなさい。

（1） Nǐ yào hē shénme?　Wǒ yào hē píjiǔ.

（簡体字）

（日本語訳）

（2） Nǐ yào nǎge?　Wǒ yào nàge.

（簡体字）

（日本語訳）

（3） Nǐ yào jǐ ge?　Wǒ yào liǎng ge.

（簡体字）

（日本語訳）

2 以下の文章を中国語（簡体字・ピンイン）に訳しなさい。

（1） あなたは何色のものが欲しいですか。私は赤色のものが欲しいです。

（簡体字）

（ピンイン）

（2） 2つでいくらですか。550元です。高いです。負けてください。

（簡体字）

（ピンイン）

（3） 他になにがご入用ですか。私は小さいのが欲しいです。

（簡体字）

（ピンイン）

68

ドリル 12

1 以下の文章を簡体字にするとともに、日本語に訳しなさい。

（1） Nǐ huì dǎ májiàng ma?　Wǒ yìdiǎnr yě bú huì dǎ májiàng.

（簡体字）_____

（日本語訳）_____

（2） Tā huì huábīng ma?　Tā huì huábīng.

（簡体字）_____

（日本語訳）_____

（3） Tā chàng gē chàng de hǎo ma?　Tā chàng gē chàng de hěn hǎo.

（簡体字）_____

（日本語訳）_____

2 以下の文章を中国語（簡体字・ピンイン）に訳しなさい。

（1） あなたは食べるのが速いですか。私は食べるのが速いです。

（簡体字）_____

（ピンイン）_____

（2） 彼女たちは字を書くのが上手ですか。彼女たちは字を書くのが上手ではありません。

（簡体字）_____

（ピンイン）_____

（3） あなたは泳げますか。私は全くできません。

（簡体字）_____

（ピンイン）_____

参考① （医療）

1. 怎么 了? どうしましたか。
   Zěnme le?

2. 我 感冒 了。／我 发烧 了。 私はかぜをひきました。／私は熱が出ました。
   Wǒ gǎnmào le. Wǒ fāshāo le.

3. 不 要 动。／别 动。 動かないで。
   Bú yào dòng. Bié dòng.

4. 给 我 看看。 私に見せて。
   Gěi wǒ kànkan.

5. 躺 一下。 ちょっと横になって。
   Tǎng yíxià.

6. 等 一下。／等 一 等。 ちょっと待って。
   Děng yíxià. Děng yi děng.

7. 我 不 懂，写 一下。 私は分かりませんから、書いて下さい。
   Wǒ bù dǒng, xiě yíxià.

8. 请 再 说 一 遍。 もう一度言って下さい。
   Qǐng zài shuō yí biàn.

9. 我 明白 了。 私は分かりました。
   Wǒ míngbai le.

10. 快 点儿。／慢 点儿。 速く。／ゆっくり。
    Kuài diǎnr. Màn diǎnr.

11. 给 你 打针。 あなたに注射をします。
    Gěi nǐ dǎzhēn.

12. 照 X光 照片。 レントゲン撮影をします。
    Zhào X guāng zhàopiàn.

13. 嗓子 疼 不 疼？／嗓子 很 疼。 ノドが痛いですか。／ノドが痛いです。
    Sǎngzi téng bu téng? Sǎngzi hěn téng.

参考② (連絡)

1. 大家 集合！到齐 了。　全員集合。揃いました。
   Dàjiā jíhé! Dàoqí le.

2. 明天 我们 参加 足球 比赛。　明日私たちはサッカーの試合に参加します。
   Míngtiān wǒmen cānjiā zúqiú bǐsài.

3. 明天 的 足球 比赛 早上 九点 开始。
   Míngtiān de zúqiú bǐsài zǎoshang jiǔdiǎn kāishǐ.
   　明日のサッカーの試合は朝9時に始まります。

4. 我们 在 哪儿 集合？　私たちはどこに集合しますか。
   Wǒmen zài nǎr jíhé?

5. 我们 明天 早上 八点 在 学校 门口 集合。
   Wǒmen míngtiān zǎoshang bādiǎn zài xuéxiào ménkǒu jíhé.
   　私たちは明日朝8時に学校の入口に集合します。

6. 当天 我们 带 制服、足球、矿泉水 和 药品。
   Dàngtiān wǒmen dài zhìfú、zúqiú、kuàngquánshuǐ hé yàopǐn.
   　当日私たちはユニフォーム・サッカーボール・ミネラルウォーターと薬品を持参します。

7. 有 事 给 我 打 电话。　何かあれば私に電話をください。
   Yǒu shì gěi wǒ dǎ diànhuà.

8. 不要 迟到 了，不要 忘 了 东西。　遅刻しないで、忘れ物をしないで。
   Bú yào chídào le, bú yào wàng le dōngxi.

9. 现在 解散！　では、解散。
   Xiànzài jiěsàn!

10. 明天 见。　あした会いましょう。
    Míngtiān jiàn.

11. 你 在 哪儿？／我 在 这儿。　あなたはどこにいますか。／私はここにいます。
    Nǐ zài nǎr? Wǒ zài zhèr.

12. 你 干(做) 什么？　あなたは何をしているんですか。
    Nǐ gàn (zuò) shénme?

13. 开始。／结束。　始め。／終わり。
    Kāishǐ. Jiéshù.

参考③（生活・食事）

1. 我 请 你。　　私がごちそうします。
   Wǒ qǐng nǐ.

2. 给 我 菜单。／给 我 筷子（调羹）。
   Gěi wǒ càidān.　Gěi wǒ kuàizi (tiáogēng).
   　　　　　　　　　メニューをください。／はし（スプーン）をください。

3. 服务员，我 要 点菜。　　店員さん、注文します。
   Fúwùyuán, wǒ yào diǎncài.

4. 你 要 什么 菜。　　ご注文をどうぞ。
   Nǐ yào shénme cài.

5. 这个 中文 怎么 说？／这个 中文 叫 什么？
   Zhège zhōngwén zěnme shuō?　Zhège zhōngwén jiào shénme?
   　　　　　　　　　これは中国語で何といいますか。

6. 祝 你 身体 健康！ 干杯！　　あなたの健康を祝して、乾杯！
   Zhù nǐ shēntǐ jiànkāng! Gānbēi!

7. 开饭！　　いただきます。
   Kāifàn!

8. 换 一下。　　交換してください。
   Huàn yíxià.

9. 买单。／结帐。　　お勘定。
   Mǎidān.　Jiézhàng.

10. 给 我 发票。　　レシートをください。
    Gěi wǒ fāpiào.

11. 这儿 可以 用 信用卡 吗？　　ここではクレジットカードを使えますか。
    Zhèr kěyǐ yòng xìnyòngkǎ ma?

12. 我 吃饱 了。　　私はお腹いっぱいです。
    Wǒ chībǎo le.

13. 再 来 两 瓶（杯） 啤酒。　　ビールをもう2本（杯）持って来てください。
    Zài lái liǎng píng (bēi) píjiǔ.

参考④ (身体・衣服など)

头 tóu　　頭

眼睛 yǎnjing　　目

鼻子 bízi　　鼻

嘴（口）zuǐ(kǒu)　　口

牙齿 yáchǐ　　歯

脖子 bózi　　首

嗓子 sǎngzi　　喉

肺 fèi　　肺

心脏 xīnzàng　　心臓

胃 wèi　　胃

肚子 dùzi　　腹

手 shǒu　　手（手首から先）

手指 shǒuzhǐ　　指

腿 tuǐ　　足（太ももからくるぶしまで）

脚 jiǎo　　足（くるぶしから下）

帽子 màozi　　帽子

眼镜 yǎnjìng　　眼鏡

衣服 yīfu　　服

扣子 kòuzi　　ボタン

口袋 kǒudai　　ポケット

手套 shǒutào　　手袋

手表 shǒubiǎo　　腕時計

裤子 kùzi　　ズボン

腰带 yāodài　　ベルト

袜子 wàzi　　靴下

鞋 xié（运动鞋 yùndòngxié）
　　　　　　　　　靴（運動靴）

参考⑤（スポーツ名）

アイスホッケー	冰球	bīngqiú
アメリカンフットボール	美式足球	měishìzúqiú
ウエイトリフティング	举重	jǔzhòng
空手	空手道	kōngshǒudào
近代五種	现代五项	xiàndàiwǔxiàng
剣道	剑道	jiàndào
ゴルフ	高尔夫	gāo'ěrfū
サッカー	足球	zúqiú
柔道	柔道	róudào
アーティスティックスイミング	花样游泳	huāyàngyóuyǒng
新体操	艺术体操	yìshùtǐcāo
水泳	游泳	yóuyǒng
水球	水球	shuǐqiú
スキー	滑雪	huáxuě
スケート	滑冰	huábīng
スノーボード	单板滑雪	dānbǎnhuáxuě
相撲	相扑	xiāngpū
ソフトボール	垒球	lěiqiú
体操	体操	tǐcāo
太極拳	太极拳	tàijíquán
卓球	乒乓球	pīngpāngqiú
テコンドー	跆拳道	táiquándào
テニス	网球	wǎngqiú
トライアスロン	铁人三项	tiěrénsānxiàng
バイアスロン	冬季两项	dōngjìliǎngxiàng
バスケットボール	篮球	lánqiú
バドミントン	羽毛球	yǔmáoqiú
バレーボール	排球	páiqiú
ハンドボール	手球	shǒuqiú
ビーチバレー	沙滩排球	shātānpáiqiú
フィギュアスケート	花样滑冰	huāyànghuábīng
フェンシング	击剑	jījiàn
武術	武术	wǔshù
ボーリング	保龄球	bǎolíngqiú
ボクシング	拳击	quánjī
マラソン	马拉松	mǎlāsōng
野球	棒球	bàngqiú
ラグビー	橄榄球	gǎnlǎnqiú
陸上競技	田径	tiánjìng
レスリング	摔跤	shuāijiāo

附録1　自我介绍

我　姓　山田，叫　山田　太郎。
Wǒ　xìng　Shāntián,　jiào　Shāntián　Tàiláng.

我　是　日本人。
Wǒ　shì　Rìběnrén.

我　是　大江户　大学　体育　系　武道　专业　一　年级
Wǒ　shì　Dàjiānghù　dàxué　tǐyù　xì　wǔdào　zhuānyè　yī　niánjí

的　学生。
de　xuésheng.

我　今年　十九　岁。
Wǒ　jīnnián　shíjiǔ　suì.

我　家　在　东京，老家　在　广岛。
Wǒ　jiā　zài　Dōngjīng,　lǎojiā　zài　Guǎngdǎo.

我　家　有　五　口　人，爸爸、妈妈、两　个　哥哥
Wǒ　jiā　yǒu　wǔ　kǒu　rén,　bàba,　māma,　liǎng　ge　gēge

和　我。
hé　wǒ.

我　很　喜欢　运动。我　的　爱好　是　练　柔道。
Wǒ　hěn　xǐhuan　yùndòng.　Wǒ　de　àihào　shì　liàn　róudào.

将来　我　的　梦想　是　当　体育　老师。
Jiānglái　wǒ　de　mèngxiǎng　shì　dāng　tǐyù　lǎoshī.

● 新出単語 ●

系 xì 学部／专业 zhuānyè 学科・専攻、専門／老家 lǎojiā 故郷／爱好 àihào 趣味／练 liàn 練習する／梦想 mèngxiǎng 夢／当 dāng 〜になる

単語帳（都道府県名）

北海道 Běihǎidào	青森县 Qīngsēnxiàn	岩手县 Yánshǒuxiàn	秋田县 Qiūtiánxiàn	山形县 Shānxíngxiàn
宫城县 Gōngchéngxiàn	福岛县 Fúdǎoxiàn	茨城县 Cíchéngxiàn	枥木县 Lìmùxiàn	群马县 Qúnmǎxiàn
埼玉县 Qíyùxiàn	千叶县 Qiānyèxiàn	东京都 Dōngjīngdū	神奈川县 Shénnàichuānxiàn	新潟县 xīnxìxiàn
长野县 Chángyěxiàn	山梨县 Shānlíxiàn	静冈县 jìnggāngxiàn	爱知县 Àizhīxiàn	岐阜县 Qífùxiàn
三重县 Sānchóngxiàn	富山县 Fùshānxiàn	石川县 Shíchuānxiàn	福井县 Fújǐngxiàn	滋贺县 Zīhèxiàn
京都府 Jīngdūfǔ	大阪府 Dàbǎnfǔ	兵库县 Bīngkùxiàn	奈良县 Nàiliángxiàn	和歌山县 Hégēshānxiàn
冈山县 Gāngshānxiàn	广岛县 Guǎngdǎoxiàn	鸟取县 Niǎoqǔxiàn	岛根县 Dǎogēnxiàn	山口县 Shānkǒuxiàn
香川县 Xiāngchuānxiàn	德岛县 Dédǎoxiàn	爱媛县 Àiyuánxiàn	高知县 Gāozhīxiàn	福冈县 Fúgāngxiàn
佐贺县 Zuǒhèxiàn	长崎县 Chángqíxiàn	熊本县 Xióngběnxiàn	大分县 Dàfēnxiàn	宫崎县 Gōngqíxiàn
鹿儿岛县 Lù'érdǎoxiàn	冲绳县 Chōngshéngxiàn	本州 běnzhōu	四国 sìguó	九州 jiǔzhōu

附録2　志愿者

志愿者：你　会　说　中文　吗？
　　　　Nǐ　huì　shuō　Zhōngwén　ma?

杨：我　会　说。
　　Wǒ　huì　shuō.

志愿者：你　哪儿　不　舒服？
　　　　Nǐ　nǎr　bù　shūfu?

杨：我　肚子　很　疼。
　　Wǒ　dùzi　hěn　téng.

志愿者：你　有　没　有　保险证？
　　　　Nǐ　yǒu　méi　yǒu　bǎoxiǎnzhèng?

杨：有，我　有　保险证。
　　Yǒu, wǒ　yǒu　bǎoxiǎnzhèng.

志愿者：等　一下，救护车　马上　就　来。
　　　　Děng　yíxià, jiùhùchē　mǎshàng　jiù　lái.

● 新出単語 ●

志愿者 zhìyuànzhě（义工 yìgōng）ボランティア／会 huì できる／说 shuō 言う／舒服 shūfu 気分が良い／肚子 dùzi 腹／疼 téng 痛い／能 néng できる／保险证 bǎoxiǎnzhèng 保険証／等一下 děng yíxià ちょっと待って／救护车 jiùhùchē 救急車／马上 mǎshàng すぐに／就 jiù すぐ／来 lái 来る

● 関連用語 ●

手球 shǒuqiú ハンドボール

- **助動詞 "能"**　　能力的・条件的に「できる」という意味です。→※参照 "会"

　　肯定文：我　能　游泳。
　　　　　　Wǒ　néng　yóuyǒng.

　　否定文：我　不　能　游泳。
　　　　　　Wǒ　bù　néng　yóuyǒng.

　　疑問文：你　能　游泳　吗？
　　　　　　Nǐ　néng　yóuyǒng　ma?

- **反復疑問文**　　主語＋動詞（肯定）＋動詞（否定）＋目的語

　　你　能　不　能　游泳？　　（你　能　游泳　吗？）
　　Nǐ　néng　bu　néng　yóuyǒng?　　Nǐ　néng　yóuyǒng　ma?

　　这　是　不　是　蛋白粉？　　（这　是　蛋白粉　吗？）
　　Zhè　shì　bu　shì　dànbáifěn?　　Zhè　shì　dànbáifěn　ma?

　　你　会　不　会　打　手球？　　（你　会　打　手球　吗？）
　　Nǐ　huì　bu　huì　dǎ　shǒuqiú?　　Nǐ　huì　dǎ　shǒuqiú　ma?

　　你　要　不　要　这个？　　（你　要　这个　吗？）
　　Nǐ　yào　bu　yào　zhège?　　Nǐ　yào　zhège　ma?

　　你　有　没　有　氨基酸？　　（你　有　氨基酸　吗？）
　　Nǐ　yǒu　méi　yǒu　ānjīsuān?　　Nǐ　yǒu　ānjīsuān　ma?

　　※ "也" "都" を用いた文では、反復疑問文は使えません。文末に "吗" をつけません。

♣ 関連表現→※**P70 参考①**（医療）

単語帳（医療など）

发烧 fāshāo	头疼 tóu téng	泻肚子 xièdùzi	咳嗽 késou
感冒 gǎnmào	流感 liúgǎn	医生 yīshēng	护士 hùshi
警察 jǐngchá	身份证 shēnfènzhèng	现金 xiànjīn	信用卡 xìnyòngkǎ
挂号 guàhào	打针 dǎzhēn	手术 shǒushù	住院 zhùyuàn

チャレンジ

下線部を置きかえて言ってみましょう。

你 哪儿 不 舒服?
Nǐ nǎr bù shūfu?

我 肚子 很 疼。
Wǒ dùzi hěn téng.

著　者

川邉雄大（かわべ　ゆうたい）
国士舘大学体育学部・二松学舎大学文学部・日本大学商学部・
早稲田大学商学部非常勤講師

体育・スポーツ系のための入門中国語

| 検印
省略 | ©2019 年 1 月 31 日　初 版 発 行 |

著　者　　　　　　　　　川　邉　雄　大

発行者　　　　　　　　　原　　雅　　久
発行所　　　　　　株式会社　朝　日　出　版　社
　　　　〒 101-0065　東京都千代田区西神田 3－3－5
　　　　　　　　　　電話(03)3239-0271・72(直通)
　　　　　　　　　振替口座　東京　00140-2-46008
　　　　　　　　　　http://www.asahipress.com/
　　　　　　　　　　　　　　　　　　　倉敷印刷

乱丁・落丁本はお取り替えいたします
本書の一部あるいは全部を無断で複写複製（撮影・デジタル化を含む）
及び転載することは、法律上で認められた場合を除き、禁じられて
います。
ISBN978-4-255-45318-7 C1087